REVUE CRITIQUE

DE

JURISPRUDENCE MARITIME

JURISPRUDENCE COMMERCIALE ET MARITIME

DE NANTES

REVUE CRITIQUE DE JURISPRUDENCE MARITIME,

Par Aldrick CAUMONT,

Avocat du barreau du Havre , avocat du département de la Marine.

GENS DE MER. — SALAIRES. — DERNIER VOYAGE. —
Jour à quo.

A quel moment se place, relativement aux marins, le commencement du voyage dans lequel le navire fait naufrage ? — Est-ce au jour des préparatifs du départ et des premières opérations du chargement, ou n'est-ce pas, au contraire, au jour où le navire fait voile, quitte le port, prend la mer et voyage effectivement ?

Cette question mérite d'être sérieusement examinée. En effet, par arrêt du 27 février 1867 (D. 67, 1, 77), la Cour de Cassation, Chambre civile, décide que le voyage dont les loyers cessent d'être dus aux matelots en cas de naufrage, court, non à partir du jour où le navire a mis à la voile pour sortir du port d'équipement, mais depuis le jour où ce navire, terminant un voyage antérieur, est rentré sur lest dans ce port pour y commencer son nouveau chargement.

Par un autre arrêt du 18 novembre 1873 (D. 74, 1, 115), la Chambre des requêtes décide qu'un pareil voyage commence à compter du jour de l'affrétement du navire, et non pas seulement à partir du jour de la mise à la voile.

Précédemment, la Cour de Cassation, Chambre des requêtes, a, par arrêt du 31 janvier 1854, décidé que le navire n'est réputé en voyage que lorsqu'il a mis à la voile et quitté le port. On se demande : Où EST LA VÉRITÉ JURIDIQUE ?

Pour trancher cette question controversée, on doit mettre en lumière les règles qui gouvernent conventionnellement et légalement l'engagement et les loyers des matelots. Nous allons essayer de le faire :

1º En distinguant les voyages maritimes, pour le cas de naufrage, en trajets, escales et traversées qui forment la campagne de mer ;

2º En définissant le voyage, en précisant son commencement et en caractérisant sa préparation, notamment en ce qui touche l'équipement ;

3º En démontrant par la loi, la doctrine et la jurisprudence, que la Cour de Cassation paraît avoir, dans ses derniers arrêts, confondu le voyage avec ses préparatifs, et ainsi étendu arbitrairement l'article 258 du Code de Commerce, au lieu de le renfermer étroitement dans ses termes ;

4º En démontrant l'illégalité de cette extension par cette double vérité qu'il faut distinguer le voyage de l'engagement et de la période d'équipement, et que, jusqu'à l'abrogation de l'article 258, cet article, d'après l'exposé même de ses motifs, n'est véritablement applicable qu'à la haute mer ;

5º En démontrant, par une argumentation purement légale, que la Chambre des requêtes, par son arrêt du 18 novembre 1873, rejetant le pourvoi dirigé contre l'arrêt de Rennes du 10 février de la même année, paraît avoir fait une fausse application de l'article 258 ;

6º En démontrant que l'arrêt de Rennes est vraiment remarquable dans ses deux premiers considérants, quoique juridiquement erroné dans les autres, et surtout obscur, ambigu et confus dans la fin du cinquième ;

7º En critiquant cet arrêt, d'une part, pour avoir livré à

l'incertitude le commencement du voyage, reconnu pour les absents des stipulations impossibles, illégalement solidarisé des intérêts essentiellement distincts, et d'autre part, pour avoir méconnu la nature des priviléges qui ne sont nullement compensatoires ;

8° En réfutant l'assimilation de la rade à la mer, des matelots aux assureurs et du mouillage en rade au voyage en mer ;

9° En concluant enfin que c'est à bon droit et conformément aux véritables principes sur la matière que la Cour suprême a, sous la date du 31 janvier 1854, décidé *que le navire n'est réputé en voyage que lorsqu'il a mis à la voile et quitté le port.*

Reprenons séparément chacun de ces neuf points.

§ 1. — *Distinction des voyages maritimes en cas de naufrage.*

Avant tout, il convient de rappeler qu'il est de jurisprudence certaine et constante que les divers voyages faits par un navire dans le cours d'une même campagne de mer, forment, relativement aux loyers des matelots, autant de voyages distincts ; — d'où la conséquence qu'en cas de naufrage, ce sont uniquement les loyers afférents au dernier voyage où le navire a péri auxquels les matelots ne peuvent pas prétendre. — On entend par campagne de mer, l'ensemble des *trajets, escales, traversées* ou *voyages* effectués par un navire, depuis son armement jusqu'à son désarmement, ou mieux, depuis son *départ* jusqu'à son retour, qu'il *voyage chargé* ou sur *lest*. (Comp. et Comb., Cassation, 13 novembre 1871, S. 72, 1, 170. — Cassation, 14 février 1870, S. 70, 1, 245. — Rouen, 22 novembre 1865, H. 66, 2, 31. — Havre, 12 avril 1870, H. 70, 1, 125. — Nantes, 29 juillet 1868, N. 68, 1, 360. — Mon *Dictionnaire de droit maritime*, V^is Gens de mer, n°s 46, 47). — Les gens de mer ont droit à leurs salaires pour les *voyages* accomplis heureusement, avec ou *sans fret*, bien que dans un voyage postérieur le navire ait fait naufrage. (Havre , 12 avril 1870 , H. 70, 1, 125. — Havre, 11 février 1867, H. 67, 1, 96.)

Ces points acquis, passons à la définition du voyage.

§ 2. — *Définition du voyage.*

La traversée ou *voyage* est le trajet parcouru par un bâtiment de mer allant d'un point maritime à un autre. Pour l'effectuer réellement et *l'accomplir* matériellement, le *navire doit sortir* d'un port *et entrer* dans un autre. La sortie constitue le départ , et l'arrivée se révèle et se manifeste par l'entrée au port. La *durée* du voyage est le temps qui s'écoule entre le départ et l'arrivée. — En *partant , le navire fait voile.* Lorsqu'il met à la voile , il commence en réalité son voyage en *faisant route effective ;* — le rôle d'équipage *constate ,* dans une case *ad hoc , l'arrivée* du bâtiment de mer dans un port et son *expédition* pour un autre. Cette constatation s'opère, tant *administrativement que civilement,* par cette *formule imprimée,* en quelque sorte de style, et qu'il suffit de remplir à la main : Arrivé le......., expédié le....... — Le rapport au Président de la République, sur la proposition du décret du 19 mars 1852, art. 2, vient à cet égard clairement confirmer le *sens* qu'il faut *légalement* attacher au *voyage en mer,* en le déterminant au point de vue administratif comme *au point de vue purement civil.* — En effet , il résulte avec netteté de ce document que, *sous le rapport administratif,* le voyage est le temps qui s'écoule entre *le départ* d'un navire *expédié* de France pour une destination au long-cours et son *retour* dans un *port* de la métropole ; — *sous le rapport civil,* et c'est ici le cas, le *voyage* de mer est celui *déterminé par l'article* 194 *du Code de Commerce ,* ainsi conçu : Un navire est *censé avoir fait un voyage en mer, lorsque son départ* et son *arrivée* auront été constatés dans deux *ports* différents. — On sait aussi que le bâtiment sur son *départ* n'est pas saisissable, si ce n'est à raison de dettes contractées pour le *voyage qu'il va faire,* et d'autre part, que le bâtiment est *censé prêt à faire voile,* lorsque le capitaine est muni de ses *expéditions pour le voyage.* (Comp. et Comb., 226, 231, 275, 297, 215 du Code de Commerce). — Donc, surtout au respect des matelots, l'expédition, ainsi constatée sur le rôle, à chaque *escale* du navire voyageant *chargé* ou sur *lest,* détermine le départ ou commencement de chaque voyage ; et, par suite, la *dernière traversée* dans laquelle le navire se perd par naufrage, *comprend seulement* le temps pendant lequel dure, entre le matelot et le navire, la *communauté des périls et risques* maritimes, comme cela a lieu d'ailleurs pour les prêteurs en cours de voyage. (328, § 1, 341, 215, § 2, du Code de Commerce. — Havre, 2 avril 1870, H. 70, 1, 125. — Havre, 11 février 1867, H. 67, 1, 96.)

§ 3. — *Commencement du voyage.*

On vient de le voir, le *commencement du voyage* se place forcément au moment où le navire quitte le port, prend la mer et fait voile, c'est-à-dire au *départ effectif* du bâtiment. (Comp. et Comb., 215, 270, 252, 275 du Code de Commerce, — 59 du Code Civil, — Règl. 2 juillet 1828.) Cette vérité de sens commun, qui n'est pas assez discernée, est dictée par la raison et la force naturelle des choses. — Elle est reconnue par tous les auteurs anciens et modernes, mais surtout, et très-judicieusement, par deux auteurs contemporains qui ont précieusement recueilli les fruits de leurs devanciers (Eloy et Guerrand, n°s 1742, 1605 et 1590, et Bédarride, n° 563, sur l'art. 252). — Ce dernier proclame (avec Valin, Boulay-Paty, Alauzet, n° 1, 184, et Dalloz, v° *Droit Marit.,* n° 696), que, pour que le voyage soit censé commencé dans l'hypothèse de l'article 252 du Code de Commerce, il faut que le navire soit non-seulement *sorti* du port, mais encore qu'il *navigue depuis au moins 24 heures* vers le lieu de sa destination. — Enfin , cette vérité ressort expressément du droit maritime, civil, administratif et pénal, notamment des termes aussi formels que précis des articles 194, 215, 231, 328, 341, 275, 297, 252, 270 du Code de Commerce , — 59 du Code Civil, — Règl. 2 juillet 1828 , — Décret du 19 mars 1852, dans le rapport qui le précède , — Art. 3 du décret du 24 mars 1852.)

§ 4. — *Préparation du voyage.*

Puisque le voyage en cours n'est censé commencé que du jour où le navire met à la voile (215, 252 du Code de Commerce) , et réputé fini que du moment où il est *ancré* ou amarré au lieu de sa destination (328, 341, 275, 252, 270 du Code de Commerce), la loi défend donc, tant implicitement qu'explicitement, de confondre la *préparation* du voyage avec la *traversée effective.* Partout, elle jalonne la distinction par des termes énergiques qui formulent bien son idée distinctive : *Avant* et *pendant* (270, 252, 253, 254, 262, 265, 223, 225, 227, 234, 276, 277, 293, 294, 295, 296 du Code de Commerce). — Effectivement , ce qui a lieu *avant le départ* ou lors de l'arrivée est absolument distinct de ce qui se produit en *pleine mer,* après 24 heures de navigation, pour parler le langage de Valin, car seules les fortunes de mer ont motivé l'article 258. — Les *préparatifs du voyage* donnent lieu à des formalités, actes et travaux complexes et multiples : armement, avitaillement, papiers de bord, visite du navire, expéditions, équipement, etc., etc. — Ils se représentent avant chaque traversée, qu'elle soit de l'aller, de retour ou intermédiaire, mais *ils ne comportent aucuns cas de force majeure,* puisqu'ils ont pour but de *fournir les instruments pour vaincre les cas fortuits en temps et lieu.* — Un mot de l'équipement , relaté aux articles 252 et 253 du Code de Commerce : Pour apprécier comment doit se faire l'équipement , le capitaine doit, avant tout, se guider sur la nature *du voyage à entre-*

prendre, les mers à traverser et les dangers à courir. Il doit réclamer la mise à bord des pièces de rechange, pourvoir à la disposition et au nombre des chaloupes et des objets de sauvetage, etc., etc.; en un mot, veiller à ce que l'équipement soit convenablement fait, parce que de là dépend la sécurité de l'équipage et des passagers et le salut commun. — Ces préparatifs sont purement éventuels. Ils peuvent être tout-à-coup paralysés si, à l'instant de faire voile, il se déclare une voie d'eau qui force au déchargement (297, 296 du Code de Commerce), ou si le navire est arrêté au départ par force majeure (277 du Code de Commerce), ou par le fait de l'affréteur ou du capitaine (274, 275 du Code de Commerce), ce que ne saurait empêcher le matelot, puisqu'il est obligé de souffrir la rupture ou le congédiement (252, 270, 264 du Code de Commerce). — Or, dans toutes ces hypothèses, qu'il serait facile d'étendre indéfiniment, il est digne de remarque que les loyers dus au matelot lui sont toujours payés, à la vérité *sous le nom de journées,* nombrées et comptées en proportion du temps qu'il a servi. (264, 261, 253, 252 du Code de Commerce.)

§ 5. — *Confusion abusive du voyage avec ses préparatifs.*

Prétendre que le voyage du navire a commencé avec les préparatifs de son départ et les premières opérations de son chargement, c'est confondre à tort la préparation du voyage avec la traversée effective, étendre arbitrairement l'article 258, au lieu de le renfermer étroitement dans ses termes, et formellement méconnaître, d'un autre côté, le texte comme l'esprit de la loi (Comp. et Comb., 252, 253, 254, 262 à 265, 270, 215, 328, 341, 275 du Code de Commerce). D'ailleurs, la justice rigoureuse demande et veut, relativement aux fortunes de mer et aux risques du voyage projeté, que le sort des matelots faibles et pauvres soit, *pour le moins,* égal à celui des affréteurs, prêteurs et assureurs du navire, tous riches et puissants (275, 328, 341, 350, 215 du Code de Commerce). Donc, si pour ces derniers, le navire ne se trouve en cours de voyage que du jour où il *fait voile,* évidemment il doit en être de même pour les premiers (215, 350, 341, 328, 275 du Code de Commerce). *Ubi eadem ratio, ibi idem jus statuendum.* C'est ce qui a judicieusemeut frappé les Tribunaux de Commerce du Havre et de Nantes. Ils ont pensé qu'il était juste et équitable de faire retour aux véritables enseignements professés par la Cour suprême dans son remarquable arrêt du 31 janvier 1854, plutôt que de s'arrêter à la doctrine erronée de celui du 27 février 1867, qui est isolé et qui paraît avoir été rendu sans contradiction ni discussion ; décidé, en effet, que *le dernier voyage d'un navire qui a fait naufrage commence seulement dans le port où le navire a pris ses expéditions pour une nouvelle destination; il ne commence ni dans le port duquel il est parti sur lest pour aller prendre charge, ni même au point où le navire a effectué son chargement* (Havre, 12 avril 1870 ; Recueil du Havre, 1870, 1, 126) ; — décidé également qu'il faut entendre par dernier voyage la *traversée* dans laquelle la perte a eu lieu, et qu'on ne saurait considérer comme faisant partie du dernier voyage la traversée faite, même au lest, pour conduire le navire au lieu où il a pris charge ; et les salaires de cette traversée au lest ne tombent pas sous la règle de l'article 258 du Code de Commerce (Nantes, 29 juillet 1868 ; Recueil de Nantes, 1868, 1, 360). — C'est en vain qu'on opposerait l'arrêt antérieur du 27 février 1867, décidant que le voyage doit être réputé commencé à partir du jour où, terminant un précédent voyage, le navire est resté sur lest dans un port pour y opérer un nouveau chargement ; en effet, la Cour de Cassation a décidé diamétralement le contraire le 31 janvier 1854, en jugeant, à bon droit, *que le navire n'est réputé en voyage que lorsqu'il a mis à la voile et quitté le port* (Cassation, 31 janvier 1854 ; cité par Eloy et Guerrand, tome IIIᵉ, page 208, nᵒ 1605).

§ 6. — *Distinction entre le voyage et l'engagement.*

Cette jurisprudence, qui est la bonne, redouble de vérité, quand on prend soin de distinguer le voyage de l'engagement et de préciser l'objet de ce contrat relativement au travail du matelot. Pour ce qui regarde la distinction entre le voyage et l'engagement, elle est marquée dans l'article 270 du Code de Commerce, édictant, d'un côté, qu'il n'y a pas lieu à indemnité, si les matelots sont congédiés *avant la clôture du rôle ;* et, d'autre côté, qu'ils ont droit, s'ils sont congédiés après la clôture, à une indemnité qui diffère suivant qu'ils sont congédiés AVANT *le commencement du voyage,* ou PENDANT *sa durée.* Par conséquent, *l'engagement* du matelot *commence à l'inscription du rôle* (270 du Code de Commerce). — Cette inscription peut avoir lieu un ou deux mois *avant le départ* du navire. Dans l'intervalle de temps qui s'écoule entre l'inscription et le départ, le matelot fournit ses services pour l'équipement du navire (252, 253 du Code de Commerce) ; il reçoit le salaire de ses *journées* ainsi employées. D'autre part, *le voyage commence à la mise à la voile* (215 du Code de Commerce) ; alors le bâtiment effectue son départ avec ses expéditions (226 du Code de Commerce) ; et même, *au respect des matelots, le voyage n'est censé commencé,* SUIVANT VALIN, sur l'art. 3, tit. 4, liv. 3 de l'Ordonnance, qu'après que le navire *a mis à la voile et a navigué au moins pendant 24 heures !* (Dalloz, v° *Droit Maritime,* n° 696, tome 18, page 467). Maintenant, en ce qui touche l'objet de l'engagement, il faut bien, point essentiel à préciser, retenir que les matelots, étrangers aux gains du navire et aux spéculations de l'armement, et à tous les contrats formés par le propriétaire ou le capitaine (1165 du Code Civil), se *louent au mois* (250, 252 du Code de Commerce) pour le service du navire, à terre comme en mer. — *A terre,* la prise, le bris et le naufrage ne sont ni à redouter, ni à combattre. Voilà pourquoi, au port, les matelots sont considérés uniquement comme des *ouvriers travaillant à la journée*. Ils sont, en effet, *toujours payés de leurs journées* employées à l'équipement du bâtiment ou au sauvetage des débris et effets naufragés (252, 253, 261 du Code de Commerce). Ces journées concordent avec les jours de planche ou *de staries* accordés pour la charge et la décharge (274, 294, 295 du Code de Commerce). — *A la mer*, au contraire, et *pendant le voyage*, les matelots font leur service maritime ; ils obéissent aveuglément aux ordres du capitaine ; ils travaillent notamment aux manœuvres et les exécutent disciplinairement pour le bien et le salut commun. Sous voiles et faisant route, leurs salaires deviennent d'autant plus sacrés que leur vie court vraiment des risques.

§ 7. — *Application de l'article 258 jusqu'à son abrogation.*

Quand la tempête survient et qu'elle est vaillamment combattue, les matelots devraient recevoir, morts ou vivants, le prix de leur vaillance. La loi naturelle le veut, mais la loi civile répond non, et même elle les prive de tout salaire. La conscience est attristée, le cœur est navré ; mais c'est la loi : *Dura lex, sed lex.* — Il faut donc appliquer l'article 258 du Code de Commerce jusqu'à ce qu'il soit effacé de notre Code par la sagesse de l'Assemblée législative, mieux éclairée et tenant compte de la science acquise et des progrès de la navigation.

§ 8. — *Justification de la nécessité d'abroger l'article 258.*

Ce n'est pas ici un hors-d'œuvre de justifier la nécessité d'éliminer une disposition qui froisse l'équité et blesse la justice. — On lit, en effet, dans l'arrêt de Rennes du 10 février 1873, ce considérant remarquable sur l'obligation de payer

jusqu'au jour du naufrage les matelots qui ont fait leur devoir :
« Une législation fondée sur cet ordre d'idées aurait peut-être
» certains avantages sur celle qui nous régit actuellement ;
» mais si favorable qu'elle pût être au développement précieux
» de l'Inscription maritime, les Tribunaux ne peuvent l'ap-
» pliquer par anticipation. » — C'est justement pour cela
qu'il faut abroger l'article 258. En effet, comment la perte
d'un navire libérerait-elle les propriétaires des loyers échus
jusqu'à l'événement ? Ne serait-ce pas effacer le service actuellement accompli ? Or, c'est ce qui est déjà refusé par
l'article 253 du Code de Commerce. Ce n'est donc que pour
l'avenir que le contrat est brisé, c'est-à-dire quand le marin,
malgré la lutte opiniâtre contre les éléments ou les forbans,
et malgré le devoir rigoureusement accompli, n'a véritablement pu conjurer la perte totale, ni sortir victorieux dans le
combat qu'il doit soutenir audacieusement contre les cas fortuits. Vouloir rendre le marin, qui a bien mérité de sa conscience en accomplissant courageusement son devoir, victime
quand même des cas fortuits qui viennent l'assaillir, c'est le
traiter inhumainement et faire fraude à la loi commune. C'est
le cas de rappeler ce vieil adage : « *A l'impossible, nul n'est
tenu.* » Or, l'acte de Dieu — (*vis divina*, ou, comme dit éner-
giquement Casaregis, *imperscrutabili Dei omnipotentis judicio
occursum)* — est presque toujours si puissant et si terrible,
qu'aucune force humaine ne peut jamais le combattre victo-
rieusement. En voici quelques exemples : Comment éloigner
le feu du ciel, si l'armateur a eu l'incurie de ne pas munir
le vaisseau d'un paratonnerre ? — Comment, tout en luttant
sans relâche, maitriser des courants invincibles qui finissent
par emporter le navire, malgré le travail surhumain d'un
équipage épuisé ? — Comment toujours vaincre les combus-
tions instantanées dans la cargaison, lorsqu'elles viennent
mystérieusement dévorer les flancs du bâtiment en mer ? —
Comment raisonnablement aspirer à la victoire, dans la dé-

fense contre un bâtiment blindé ? — Comment, avec succès, conjurer la perte d'un bateau à vapeur dont la machine fait explosion ou se détraque dans ses parties vives ? — Etrange manière de récompenser le courage malheureux, que de faire perdre au matelot, dans ces cas fortuits, un salaire si péniblement gagné ! La parfaite justice commande d'abroger le plus tôt possible l'article 258 du Code de Commerce, de rétablir l'équilibre brisé et de reconnaître que le meilleur stimulant qu'on puisse réellement et moralement donner à l'homme de mer, pour la conservation du navire, c'est une récompense digne de ses laborieux combats contre les forces majeures, quand ils ont été suivis d'un heureux résultat. Tels sont les motifs qui nous paraissent justifier l'abrogation de l'article 258. Espérons que le jour n'en est pas éloigné ; jusque-là il faut appliquer la loi, mais sans l'étendre.

§ 9. — *Défense d'étendre l'article 258 du Code de Commerce.*

En appliquant cette disposition tout-à-fait dérogatoire au droit commun, les tribunaux doivent *strictement la renfermer dans ses termes,* et ne jamais l'étendre à un autre cas sous prétexte d'assimilation. Ainsi, c'est s'éloigner de son esprit, comme de son texte, que de l'*étendre à la période de préparation du voyage.* Est-ce qu'*avant le départ,* au port, en rade, à proximité de terre, loin des écueils et de l'ennemi, il peut même être question de prise, de bris et de naufrage ? N'est-ce pas seulement pendant le voyage que ces fortunes de mer peuvent se produire ? La vérité sur ce point brille dans tout son éclat, quand on recherche les motifs qui ont fait édicter la disposition rigoureuse et exceptionnelle de l'article 258. Eh bien ! le législateur avait exclusivement en vue les fortunes de mer qui pouvaient se produire pendant le voyage. Sa pensée ne discernait même restrictivement que les trois risques les plus graves pouvant entraîner des sinistres majeurs.

Ce n'est, en effet, que pour le cas de perte entière, c'est-à-dire en cas de prise, de bris et de naufrage, que le législateur lie l'intérêt du matelot au sort exclusif du navire. Je dis à dessein *au sort exclusif d'un navire*, car les marchandises peuvent être partiellement sacrifiées et volontairement jetées à la mer, pour le sauvement du bâtiment. (410 du Code de Commerce.) En liant le salaire du marin au sort du vaisseau, le législateur a voulu l'encourager à le défendre contre la mer et contre l'ennemi, le forcer à ne pas abandonner le navire en péril et à l'arracher aux dangers de la navigation : en le ramenant à un port quelconque après l'avoir relevé des récifs et des brisants, tout réduit à l'état d'innavigabilité et en surmontant toutes les voies d'eau qui peuvent survenir. C'est d'ailleurs ce que reconnait la Cour de Rennes dans son arrêt du 10 février 1873, lorsqu'elle proclame judicieusement « qu'il est de principe et comme de tradition dans nos lois » maritimes, avant et depuis l'ordonnance de 1681, que la » perte du navire comporte la perte des loyers. Nos lois ont » voulu intéresser le marin à la conservation des navires et » elles ont pensé, non sans quelque fondement, que parfois » un équipage qui aurait pu abandonner prématurément » son navire, s'il n'écoutait que le soin de sa propre sécurité, » demeurerait à bord à la suggestion de son intérêt, et par- » viendrait à le sauver. »

Ces motifs démontrent souverainement d'une part, qu'on ne peut confondre la *préparation* s'opérant à terre, *avec le voyage* s'effectuant à la mer ; et, d'autre part, qu'il faut restreindre l'application de l'article 258 à la *durée effective de la dernière traversée,* qui n'est censée *commencée* que quand le navire, sorti du port, *navigue au moins depuis 24 heures* (215, 275, 328, § 1 du Code de Commerce). D'ailleurs, puisque l'intérêt du matelot est lié au sort du navire, et le subit, comment les ʀɪsǫᴜᴇs de mer, ꜰᴇʀᴍᴇ́s pour l'un, seraient-ils ᴏᴜᴠᴇʀᴛs pour l'autre ?

§ 10. — *Argumentation purement légale.*

Enfin, qu'on veuille bien discerner encore ce qui suit : Un matelot malade, ou en santé, est congédié ou débarqué *la veille du départ. Jusque-là,* il est payé de ses salaires (264, 262, 265, 270 du Code de Commerce). Il n'en serait pas de même pour le matelot qui, restant à bord et faisant route, gagnerait la mort en luttant contre les dangers de la navigation !!! Sa famille, perdant son chef et ses salaires depuis le départ jusqu'au naufrage, n'est-elle pas déjà trop victimée ? Donc, il est vrai de dire qu'en ne circonscrivant pas rigoureusement l'application de l'article 258 du Code de Commerce, au jour du départ, et en la faisant remonter *avant le départ*, on applique extensivement ledit article ; on fait aux matelots morts, en conjurant la perte totale , une situation pire que celle légalement faite aux prêteurs, affréteurs et assureurs (328, 275, 341, 215 du Code de Commerce) ; or, la loi veut que la situation des marins soit meilleure, puisqu'elle ne les prive pas de leurs salaires en matière d'innavigabilité et d'arrêt de puissance (254 du Code de Commerce), tandis qu'elle autorise le délaissement contre les assureurs (369 du Code de Commerce). Bien plus, les articles 254, 264 et 266 du Code de Commerce démontrent encore que la responsabilité personnelle de l'armateur subsiste pour les loyers, à proportion du temps que le matelot a servi, dans tous les cas de force majeure rompant le contrat, qui ne sont pas expressément mentionnés dans l'article 258. Par ces considérations pleinement juridiques, il faut bien reconnaître qu'en frappant de perte la solde des marins acquise antérieurement au départ, on étend l'article 258 du Code de Commerce ; et, en même temps, qu'on viole formellement les articles 250, 252, 270, 194, 215 du Code de Commerce ; 1134, 1135, 1165, 1315, § 2 du Code civil.

§ 11. — *Approbations et critiques. — Clarté et précision. —
Obscurité et confusion.*

La Cour de Rennes, dans la partie finale du cinquième
considérant de son arrêt, dit : « Que *la loi* a donné une
» *garantie* aux armateurs, aux assureurs, aux chargeurs, et
» qu'elle a *stipulé* pour les absents. Mais, par une légitime
» *compensation,* elle a accordé des *priviléges* à l'équipage pour
» lui assurer le paiement de ses salaires bien gagnés. *Elle*
» a en même temps voulu *solidariser* sous d'autres rapports
» encore les *intérêts* des équipages et ceux des armateurs, etc. »
Qu'il nous soit permis de le dire : AUTANT la clarté, la précision et la pénétration des deux premiers considérants nous
ont frappé en disant :

« Attendu que la question du procès est de déterminer ce
» qu'il faut entendre, pour l'application de l'article 258 du
» Code de Commerce, par le *dernier voyage* d'un bâtiment
» qui vient à périr *en cours de navigation ;* que l'Adminis-
» tration de la marine appelante soutient que le dernier
» voyage du trois-mâts *La Souvenance,* n'a commencé que le
» 15 mars 1871, c'est-à-dire le jour où le navire avait
» *appareillé* de la rade de Pondichéry, de sorte que le
» dernier voyage serait synonyme de *traversée* et ne pourrait
» s'entendre que *du temps passé en* haute *mer ;* que
» comme conséquence. *les marins de la Souvenance* ou leurs
» héritiers *avaient droit aux salaires acquis jusqu'au moment*
» *du départ.*

» Que cette théorie se fonde aux yeux de la partie appe-
» lante sur deux considérations ; d'un côté, sur un motif
» d'équité, car il paraît juste que les matelots qui avaient
» consacré leur travail au navire *pendant le temps antérieur à*
» *son départ* de Pondichéry ne fussent pas privés du salaire
» afférent à cette période ; d'un autre côté, sur un motif de
» légalité, car la loi, en destituant l'équipage de tout salaire,

» a voulu l'intéresser à la conservation du navire ; or, le
» trois-mâts *La Souvenance* n'a pu se trouver en danger de
» mer qu'après son départ, et les salaires n'ont pu être
» perdus que quand les risques du voyage ont commen-
» cé, etc. » AUTANT l'obscurité, l'ambiguité et la confusion
du 5e considérant précité met en déroute tous les artifices
du raisonnement. Est-ce que les matelots sont des assureurs
(350 du Code de Commerce) pour *garantir* les fortunes de
mer ? Ils les combattent, voilà tout.

§ 12. — *Continuation des critiques. — Incertitude sur le départ.*

Nous avons vu que le matelot est toujours payé de ses
journées avant le départ ; évidemment il le serait également
si, avant le départ, la perte totale du navire chargé arrivait
au port, par *naufrage* résulté d'incendie ou abordage fortuit.
Ce fait incontestable implique que le voyage en mer est
absolument distinct de l'engagement de servir le navire au
mois, à terre comme en mer. D'autre part, et comme conséquence, ce fait implique encore qu'un matelot ne peut être
déchu de son salaire si, après une navigation longue et labo-
rieuse, et malgré les tempêtes et les ouragans, il conduit le
navire à bon port, quand même aussitôt amarré et avant
tout déchargement le navire ferait fortuitement naufrage par
incendie ou abordage ; enfin, ces vérités complexes et inéluc-
tables impliquent souverainement, d'un côté, qu'il ne faut pas,
relativement aux matelots, confondre le temps de la traversée avec celui de la charge ou de la décharge, et que dès
lors il est impossible de faire commencer le voyage au chargement, ni de le faire finir au déchargement, et d'autre côté,
conduisent logiquement à fixer *à l'égard des marins le commencement du voyage au départ* du navire, et sa fin à l'arrivée de
ce navire au lieu de sa destination : ce qui du même coup

écarte toute incertitude sur le commencement du voyage et restitue à son point de départ sa précision mathématique que la nature des choses défend de lui enlever, aussi expressément qu'elle défend de considérer un matelot comme assurant les risques et garantissant les cas fortuits.

§ 13. – *Continuation des critiques. — Stipulation légale. — Solidarité. — Priviléges.*

En quoi la loi *stipule-t-elle* pour les *absents* avec les marins ? Est-ce qu'il n'est pas de principe fondamental que les conventions n'ont d'effet qu'entre les contractants (1165 du Code civil) ? par suite, leur engagement (250 du Code de Commerce) n'a pu créer que des rapports avec les propriétaires du navire personnellement obligés (2092 du Code civil) ? — Est-ce que les matelots peuvent rechercher les calculs des armateurs ? Simples gens de service, comment seraient-ils participes ? sociétaires ? est-ce qu'ils prennent part aux gains du navire ? Si cela n'est pas, comment donc parler de *solidarité d'intérêts* entre équipage et armateur ? Est-ce que le navire, l'équipage et les marchandises, toujours séparés d'intérêt, *quoique liés dans la communauté des périls et risques de mer* ne donnent pas lieu à de nombreux contrats parfaitement distincts qui ne peuvent jamais se *nuire* et qui n'ont d'*effet* qu'entre les contractants (1165 du Code civil) ? Dans quel dessein encore , nous le demandons , agiter la question de *priviléges,* lorsque *les matelots réclament exclusivement par la voie de l'action personnelle* et nullement par celle privilégiée, *le paiement de leur salaire !* D'ailleurs, est-ce que l'action personnelle contre les débiteurs (2092 du Code civil) peut être confondue avec l'action réelle ou privilégiée contre les tiers (2095)? Ces deux actions ne sont-elles pas complètement distinctes ? Enfin, est-ce que la créance cesse d'exister quand le privilége est perdu ? A coup sûr, non.

(2092, 2095 du Code civil). Et même quand il existe, il ne peut être exercé sans justification (192, § 4 du Code de Commerce) ; tellement que, si la constatation légale fait défaut, les gens de mer ne sont plus que des créanciers ordinaires (2092 du Code civil). Qui ne sait que, *dans la pratique, le privilége est une lettre morte, vu l'impossibilité de l'exercer*, soit *à l'étranger* (Cassation , 19 mars 1872, S. 72, 1, 238), soit *en France, sans le rôle* de désarmement (Aix, 9 novembre 1870, H. 71, 2, 145) *et même avec le rôle en cas de faillite* de l'armateur, puisqu'il encaisse toujours les frets par lui ou son capitaine et confond ainsi sa fortune de terre et de mer (Paris, 6 novembre 1866, M. 67, 2, 132. *Dict. de Droit maritime;* V° armateur, n° 134) de sorte que l'*action privilégiée n'est plus qu'un danger* (Douai, 18 août 1865, M. 68, 2, 216) et le matelot n'a véritablement de sûreté que dans l'action personnelle contre les propriétaires et armateurs (Rennes, 31 mai 1869, S. 70, 1, 145) ?

§ 14. — *Continuation des critiques. — Assimilation erronée de la rade à la mer, des matelots aux assureurs, et du mouillage en rade au voyage en mer.*

Vainement encore, l'arrêt assimile la rade à la mer, sous prétexte que les risques de rade ne sont pas moindres que ceux du plein Océan ; cette assimilation, purement arbitraire, est légalement défendue ; car, d'une part : *Mala restringenda sunt, non amplianda et multiplicanda;* et, d'autre part : *Quod contrà juris rationem receptum est, non est producendum ad consequentias...* En outre, elle péche aussi bien en fait qu'en droit ; car, au port comme au mouillage, à quelques mètres de l'élément solide, le navire, — loin des brisants et toujours en vue, pouvant à chaque instant faire des signaux à terre, — a pour le moins tous les secours, toutes les protections, toutes les défenses de la mer territoriale *où la prise ne peut s'exercer,* tandis que rien de semblable n'existe en haute mer, où la prise s'exerce ; ni au milieu des solitudes de l'Océan, où le navire ne peut être secouru, protégé et défendu que par la courageuse persévérance des travailleurs de la mer. (Voir mon *Dictionnaire de Droit Maritime.* V^{is} Prises, n° 5 ; Mers, n° 4. — Dalloz, V^{is} Prises maritimes, n° 20, t. XXXVI, page 931.) — Enfin, cette assimilation grave et exorbitante, qui serait faite par voie d'analogie, est pire que la comparaison des marins aux assureurs. Or, il est impossible de soutenir que les marins garantissent, comme les assureurs, les fortunes de mer. Eh bien ! ces derniers, au port ou en rade, ne sont pas chargés de la perte, hors du temps et du lieu des risques, c'est-à-dire avant leur ouverture par la mise à la voile du navire et son trajet vers sa destination ; — et le matelot, qui n'est pas assureur, les subirait par la perte de son salaire quand le navire, loin d'être en cours de navigation pendant au moins 24 heures, est en rade, au mouillage, arrêté et retenu sur ses ancres, à l'abri de la grosse mer et des grands vents. — Signaler de pareilles conséquences, c'est, d'une part, démontrer que *la vérité juridique est dans l'arrêt de la Cour suprême du* 31 *janvier* 1854, *décidant qu'à l'égard des matelots le navire n'est réputé en voyage que lorsqu'il a mis à la voile et quitté le port ;* et, d'autre part, reconnaître expressément qu'on fait une fausse application de l'article 258 du Code de Commerce, en l'étendant aux salaires acquis avant le départ, au lieu d'en restreindre l'application aux salaires courus du jour du départ à celui du naufrage. Donc, en ce qui touche les risques, au lieu de confondre la rade avec la mer, on doit assimiler la rade au port. En effet, le mouillage en rade équivaut à l'amarrage au port dans les lieux de destination qui en sont privés. Si la théorie contraire était admise, il en résulterait qu'un navire au mouillage, à l'ancre ou amarré aux bouées pour y être stationnaire et désapareillé, ressemblerait à un navire parti, courant sous voiles, marchant et faisant route. Or, cela n'étant pas conforme à la nature des choses, il en résulte virtuellement l'impossibilité de confondre le mouillage en rade avec le voyage en mer, d'assimiler les risques de port ou de rade aux risques de mer proprement dits, et surtout à la prise et au naufrage en cours de voyage.

§ 15. — *Conclusion.*

En résumé, de tout ce qui précède, il résulte, d'une part, que, relativement aux matelots, le commencement du dernier voyage dans lequel le navire a péri se place au moment du départ, à l'instant où le navire, muni de ses expéditions, fait voile et navigue depuis au moins 24 heures vers le lieu de sa destination ; d'autre part, et comme conséquence nécessaire, qu'en cas de bris et naufrage, les salaires sont intégralement payés jusqu'au jour où le bâtiment prend la mer pour la traversée au cours de laquelle il rencontre sa perte.

La convention, la loi, l'usage et l'équité le veulent ainsi (1134, 1135 du Code civil, 250 du Code de Commerce) :

1° *La convention le veut,* car le rôle, outre qu'il oblige l'armateur à observer en tout les lois et règlements, exige qu'on constate, à chaque escale ou traversée, la navigation effective, c'est-à-dire le départ et l'arrivée du navire ; il opère cette constatation uniformément en la formulant, chaque fois, en ces termes expressifs : expédié le....., arrivé le..... ;

2° *La loi le veut,* car principalement, d'une part, l'article 258 ne prévoit restrictivement que les cas de prise, bris et naufrage, quant aux risques courus par le salaire du marin, qui n'est jamais perdu en cas d'innavigabilité ou autrement ; et subsidiairement, d'autre part, cet article a été motivé, non par les risques de port ou de rade, mais seulement par les risques de mer, qui ne commencent légalement pour les assureurs et les prêteurs, et à plus forte raison pour les matelots, qu'au départ du voyage effectif, c'est-à-dire quand le navire, muni de ses expéditions, met à la voile (Comp. et Comb., 341, 328, 275, 215, 194 du Code de Commerce) ;

3° *L'usage le veut,* car tous les rôles sont dressés, tous les voyages sont constatés, tous les décomptes sont payés de la même manière dans tous les bureaux d'inscription maritime, c'est-à-dire suivant une pratique constante, uniforme et généralement adoptée : *Inveterata consuetudo, non immerito pro lege custoditur* (L. 32 ff. de Leg.) ;

4° *L'équité le veut,* car, en ne payant pas les salaires légitimement acquis avant le départ, on marche contre une exécution de bonne foi ; que dis-je ? on dérobe au matelot une solde qui ne peut être détournée de sa destination familiale.

Disons donc avec la raison écrite : *In omnibus quidem, maxime tamen in jure æquitas spectanda sit.* (L. 90, ff. de Reg. Jur.)

ALDRICK CAUMONT,

Avocat du Barreau du Havre, Avocat du département de la Marine.

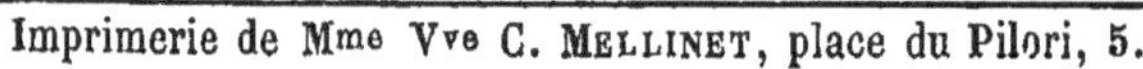

Imprimerie de Mme Vve C. MELLINET, place du Pilori, 5.

www.ingramcontent.com/pod-product-compliance
Lightning Source LLC
Chambersburg PA
CBHW051434060726
47596CB00006B/2485